謎検

日本謎解き能力検定

過去問題 & 練習問題集

2018 春

まえがき

謎解き力とは、可能性を探る力です。
一つの問いを解くためには、
さまざまな考え方やアプローチが必要になります。
しかし、正解は一つしかありません。
ならば、どれだけたくさんの考え方やアプローチを思いつけるか
──これが謎解き力の本質です。

仕事においても、学習においても、遊びにおいても、
恋愛においても、生活においても、
「どれだけたくさんの"解"の可能性を思いつけるか」は
極めて重要です。
その力を測るのが「謎検」（正式名称：日本謎解き能力検定）です。

本書には、2017年11月に開催された「第2回謎検」の
問題と解答を掲載しています。
過去問題の傾向をつかむことで、観察力を鍛え、
思考の道筋の数を増やすことができます。

また「謎検」では、謎解き力を5ジャンルに分けていますが、
それぞれの力を鍛えるための練習問題も掲載しています。
過去問題と合わせて、謎を解くための技術を身に付けてください。

本書を通して謎解き力を鍛え、
今後の謎検受検に向けて準備をしていただければと思います。

日本謎解き能力検定協会

※ 日本謎解き能力検定協会は、リアル脱出ゲームの制作運営会社である株式会社SCRAP が母体となって設立された組織です。

5つの問題ジャンル

謎検では、「謎解き力」を以下の5ジャンルに分けて
出題・判定しています。

過去の経験・記憶から、
直感的に答えを引っ張り出してくる力

よく観察し、問題の中にある違和感や
違いに気が付く力

情報を多角的に捉え、
解答までの道筋を組み立てる力

ルールや法則を見つけ出し、
答えを導く力

最後まで諦めずに謎に向き合う力、
もれなく確認しながら解いていく思考体力

もくじ

問題編

第2回謎検 問題　　　…… 　8

練習問題1 問題　　　…… 60

練習問題2 問題　　　…… 82

解答・解説編

第2回謎検 解答・解説　…… 106

第2回謎検データ　　　…… 132

練習問題1 解答・解説　…… 134

練習問題2 解答・解説　…… 146

解答用紙　　　　　　…… 巻末

この本の使い方

・本書は「問題編」「解答・解説編」に分かれています。

・「第2回謎検」を受検していない方は、
巻末の解答用紙を切り離し、
時間を測って解いていくことをおすすめします。
必ず各パートの頭にある「注意事項」を
読んでから始めてください。

・既に受検された方は、任意に問題を解いたり、
解法について検討したりなどして、ご活用ください。
問題ごとに解答・解説のページ数を記載しています。

・「練習問題1・2」については、
問題ごとにジャンルを示していますので、
ご自身の弱い部分を重点的に解いていってください。

用意するもの

・筆記用具
・メモ用紙
・タイマー（必要に応じて）

問題編

第2回謎検

2017

第2回謎検

2017年11月19日開催（Web検定）

・問題数：50問
・制限時間：60分
・配点：1問2点（100点満点）

注意事項

❶ 問題数は50問、制限時間は60分です。
一部の問題は選択問題となります。

❷ 解答の文字の種別（漢字、ひらがな、カタカナなど）は、
特に指定がない限り、いずれも正解とみなします。
選択問題は、正しいと思う番号に丸をつけてください。

❸ 第2回謎検を受検していない方は、
巻末の「第2回謎検解答用紙」を切り離し、
答えを記入、終了後に採点することをおすすめします。

❹ 受検済の方が改めて解く場合は、
問題ページに答えを書き込んでもよいでしょう。

❺ 解答・解説はP.106から掲載しています。
一律2点の配点とし、100点満点です。

01

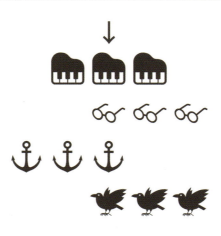

4文字の答えは？

解答

➡ 正解　P.107

02

5時から
5時間おきに
12時まで

よ　た　の

の　　　　も

は　　　　な

ん　　　　て

こ　　　に

さ　こ

解答

➡ 正解　P.107

解答

➡ 正解　P.108

問題編 第2回謎検

03 04

04

時間の中心

物語のはじまり

お話の終わり

世界の真ん中

解答

➡ **正解 P.108**

05

カタカナで答えよ

解答

→ 正解　P.109

06

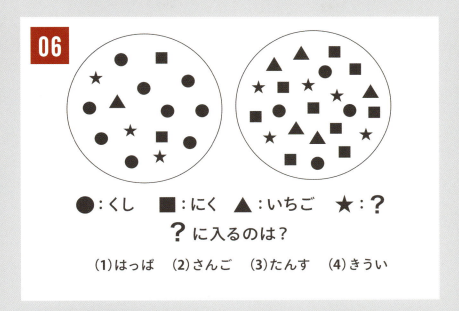

●：くし　■：にく　▲：いちご　★：？

？に入るのは？

(1)はっぱ　(2)さんご　(3)たんす　(4)きうい

解答　(1)　(2)　(3)　(4)

➡ 正解　P.109

07

まみむねも　→　めがね

きひふへほ　→　はがき

かえくけこ　→　**？**

解答

➡ 正解　P.110

08

7/26　15/26　21/26　11/26　1/26　11/26　21/26

ひらがなで答えよ

解答

→ 正解　P.110

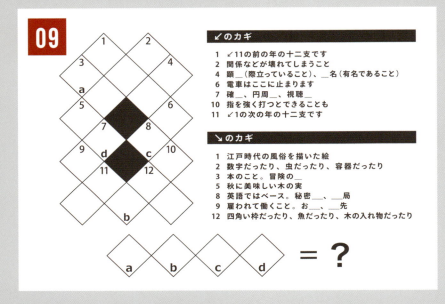

10

木の矢をとばして答えよ

解答

➡ 正解　P.111

11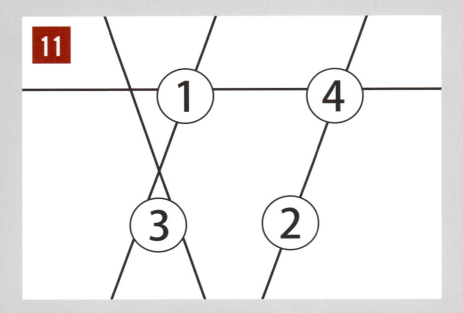

解答

➡ 正解 P.112

12

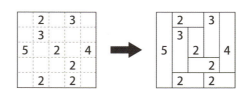

長さが4のブロックだけ見て読め

解答

➡ 正解　P.112

13

共
↓
混 → □ → 点

志

日
↓
臨 → □ → 計

差

解答

➡ 正解　P.113

問題編　第2回謎検

13　14

14

→

		?		
		?		
		?		
い				て

解答

➡ 正解　P.113

15

幕　→　印

本　→　角

鶴　→　道具

音　→　？

(1)動物　(2)色　(3)自動　(4)娯楽

解答

(1)　　　(2)　　　(3)　　　(4)

➡ 正解　P.114

問題編　第2回謎検

16

❺		こ		ひ		
❻	お			❷	な	
		❸		ま		
	れ	❶	が		つ	
		ん	❷	❶	❸	ば
❻	❹			じ	❹	
❺		え			り	

同じ数字を線で結べ
同じマスは1度しか通れない

偶数を結ぶ線が通る文字を上から読め

解答

→ 正解　P.114

17

T または A → 虎

H かつ E → ハンデ

Y または U → 夜

P かつ A → ?

解答

➡ 正解　P.115

18

| 25% | 25% | 25% | 25% | ➡ 十 |

| 25% | 12.5% | 12.5% | 12.5% | 12.5% | 25% | ➡ 木 |

| 25% | 15% | 20% | 15% | 25% | ➡ ? |

解答

➡ 正解　P.115

19

きょう ⬜⬜⬜

か ⬜⬜⬜ ど

⬜⬜⬜ ぼく

共通して入る３文字の言葉は？

解答

➡ 正解　P.116

20

みな
な　ぐ　　る　　ね
き　　　つ　う　　ゆ
　い　　は　ふ　す
　　あ　　　　か

４つの季節 それぞれの間を読め

解答

➡ 正解　P.116

29

21

1 = 4 のとき、1234 = ?

解答

→ 正解　P.117

問題編　第2回謎検
21　22

22

$$77 \rightarrow 49 \rightarrow 36 \rightarrow 18 \rightarrow \text{?}$$

? に入る数字は？

解答

➡ 正解　P.117

23

神経 ➡ 消印

親切 ➡ 親戚

初夢 ➡ 初雪

扇 ➡ 映画

椅子 ➡ 足

一応 ➡ 追い打ち

20 ➡➡➡ **?**

解答

➡ 正解　P.118

24

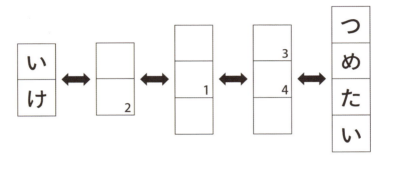

解答

➡ 正解　P.118

25

+ ト

+ ズ

+ ト

+ プ

解答

➡ 正解　P.119

問題編　第2回謎検

25 26

26

朔　性　庀　䂂　竝

解答

➡ 正解　P.119

27

赤 = バイク
青 = ？

解答

➡ 正解　P.120

問題編　第2回謎検

28

解答

➡ 正解　P.120

29

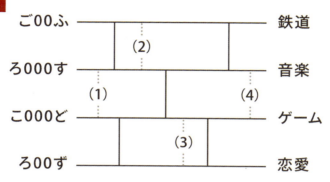

正しく組み合わせるために、増やすべき線は？

解答　（1）　（2）　（3）　（4）

➡ 正解　P.121

30

マスに 01 〜 50 の数字を入れろ
スタートの隣には 01 が入る
隣り合った数字は隣り合ったマスに入る

スタート					20				40
			05						
		15			35				
	10				25				45
			30						50

06、08、09、10、28 が空きマスのとき 18、04、01、07 は？

解答

➡ 正解　P.121

31

戦い　拳銃　亀　題名

シ
タ
ス
バ
ル
イ
タ
ピ
ク
ー

解答

➡ 正解　P.122

問題編　第2回謎検

32

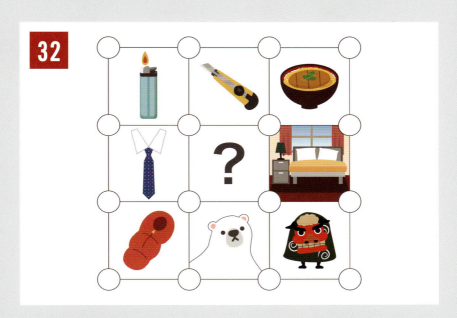

解答

→ 正解　P.122

33

T = 1

D = 1

F = 2

K = ?

解答

➡ 正解　P.123

34

●★：動物

▲◆：動物

●◆▲：飲んだりするもの

★◆●：身につけるもの

■★▲▲◆：花

●▲◆★◆ ＝ ？

解答

➡ 正解　P.123

35

解答

➡ 正解　P.124

問題編　第2回謎検

35　36

36

落書きが蔵

いかり肩が理解

なすがままが砂

開発室は❓

❓に入る言葉は？

解答

➡ 正解　P.124

37

□IF = ☆

∏II ⊦ = 🐤

⊬⊔I⊨ = ?

解答

➡ 正解　P.125

問題編 第2回謎検

38

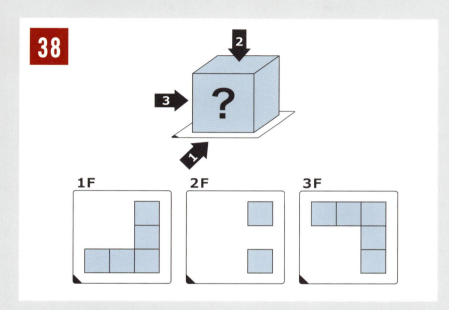

解答

→ 正解 P.125

39

鳥居　━━6━▶　海

のとき、

みとり　━━9━▶　？

解答

➡ 正解　P.126

40

取りのぞかれた4文字は？

41

に入る道具は？

解答

→ 正解　P.127

42

解答

➡ 正解　P.127

43

←
10 = たこやき

←
40 = じもと

←
12 = ?

解答

➡ 正解　P.128

44

解答

➡ 正解 P.128

45

解答

→ 正解　P.129

問題編　第2回謎検

45 46

46

| 6と2 |

4゛12 ＝ 座席
3 8 ＝ ？

解答

➡ 正解　P.129

47

47

14

13

02

19

答えは３文字の果物

解答

➡ 正解　P.130

56

問題編　第2回謎検

48

	M	H
I	(1) 発見 完成	(2) 効率 常識
U	(3) 意識 表情	(4) 公平 完全

合格が入るのはどれ？

解答

(1)　　(2)　　(3)　　(4)

➡ 正解　P.130

49

 ?

解答

➡ 正解　P.131

問題編　第２回謎検

50

解答

➡ 正解　P.131

練習問題 1

練習問題 1

（謎検 Webサイト掲載問題 ＋ 書籍オリジナル問題）

・問題数：20問

注意事項

1 問題数は20問です。
内訳は、謎検Webサイト掲載問題10問
＋書籍オリジナル問題10問です。

2 解答の文字の種別（漢字、ひらがな、カタカナなど）は、
特に指定がない限り、いずれも正解とみなします。

3 問題は「ひらめき力」などのアイコン付きで並んでいます。
弱い部分を重点的に解くことをおすすめします。

4 解答・解説はP.134から掲載しています。

5 制限時間20分、1問5点の配点、
満点100点として解くこともできます。
その際は、巻末の「練習問題1解答用紙」をご利用ください。

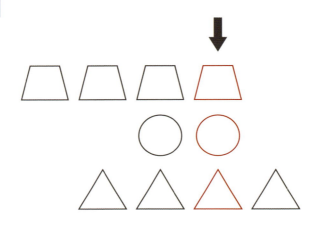

解答

➡ 正解　P.135

問題編 練習問題1
01 02

02

- 👁 ○○①○カ
- 🔍 ○②リカ
- 📈 ○○○③カ
- ❗ ○④○イカ
- 📚 ○○○⑤カ

解答

➡ 正解 P.135

03

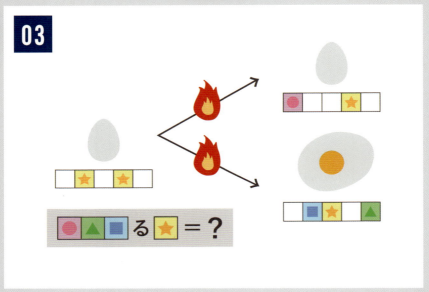

解答

→ 正解　P.136

問題編 | 練習問題1

03 | 04

04

うさぎとかめ ○②○○③①

① っ ② ③

解答

➡ 正解 P.136

05

解答

➡ 正解　P.137

問題編 練習問題1

06

~~C~~ I V = 試合

~~F~~ G S = ?

解答

➡ 正解 P.137

07

貧
↓
難 ← A   B → 地
↓   ↓
惑   結

布
↓
(B)

AB = ?

解答

➡ 正解　P.138

08

あいいわふく → ちてい

のとき、

しまみやぐん → ？？？

解答

➡ 正解　P.138

分析力

09

あ	み	が
ん	る	け
き	お	ぱ

⌐□⌐□⌐ = ?

解答

➡ 正解　P.139

問題編　練習問題1

分析力

10

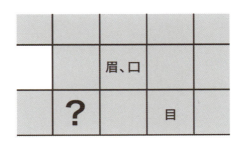

？に入る体の部位は？

解答

➡ 正解　P.139

分析力

11

① ご
② く
③ ま
⑤ ?

? に入るのはどれ？
(1) る　(2) せ　(3) ま　(4) な

解答　　(1)　　(2)　　(3)　　(4)

➡ 正解　P.140

12

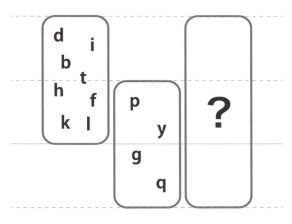

？に入るアルファベットは何？

解答

➡ 正解　P.140

13

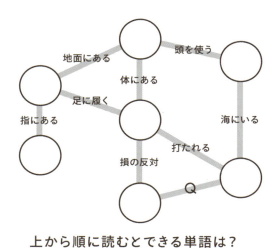

地面にある　頭を使う
体にある
足に履く
指にある　　海にいる
　　　打たれる
損の反対　Q

上から順に読むとできる単語は？

解答

➡ 正解　P.141

問題編　練習問題1

推理力

14

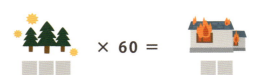

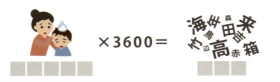

15

解答

➡ 正解 P.142

問題編　練習問題1

推理力

16

 ?

(1) 　　(2)

(3) 　　(4)

解答　　(1)　　(2)　　(3)　　(4)

➡ 正解　P.142

持久力

17

カイシャ
キカンシ
キョウト
キンコウ
コウサイ
ゴウガイ
ホウカイ

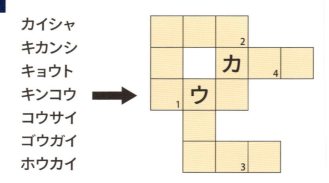

並べ替えずに1文字ずつ減らしてから埋めろ

解答

問題編　練習問題1

17 | 18

持久力

18

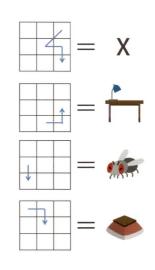

解答

➡ 正解　P.143

79

19

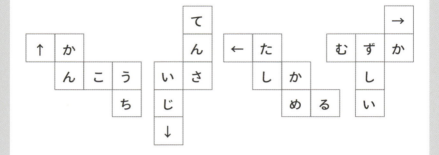

矢印の先を読め

解答

➡ 正解　P.144

問題編 練習問題1

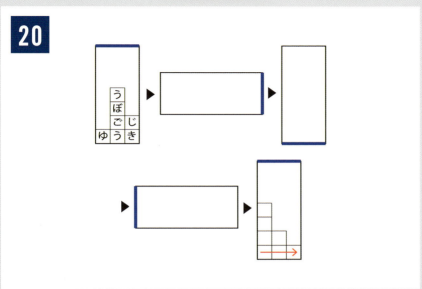

解答

➡ 正解　P.144

練習問題2

練習問題2

（書籍オリジナル問題）

・問題数： 20問

注意事項

❶ 問題数は20問です。
すべて書籍オリジナル問題です。

❷ 解答の文字の種別（漢字、ひらがな、カタカナなど）は、
特に指定がない限り、いずれも正解とみなします。

❸ 問題は「ひらめき力」などのアイコン付きで並んでいます。
弱い部分を重点的に解くことをおすすめします。

❹ 解答・解説はP.146から掲載しています。

❺ 制限時間20分、1問5点の配点、
満点100点として解くこともできます。
その際は、巻末の「練習問題2解答用紙」をご利用ください。

01

```
○○⑥  │  ⑤○④
─────┼─────
②○○  │  ○③①
```

この場所は①②③
答えは④⑤⑥

解答

➡ 正解 P.147

問題編 | 練習問題2
01 | 02

ひらめき力

02

こ↑ん……遊ぶ場所
あ↓……今日の次

のとき、
「ぬす→き」は何？

解答

➡ 正解　P.147

85

03

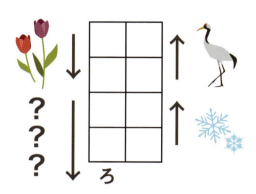

解答

➡ 正解　P.148

問題編 | 練習問題2

03 | 04

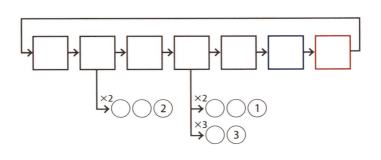

解答

➡ 正解　P.148

05

(1)
ふり
めり
るぱ

(2)
さし
かし
まじ

「さが」はどちらのグループに入る？

解答　　(1)　　(2)

➡ 正解　P.149

練習問題2

注意力

06

この図形に入るのは(1)〜(4)のどれ？
(1)目　(2)本　(3)玉　(4)石

解答　(1)　(2)　(3)　(4)

➡ 正解　P.149

07

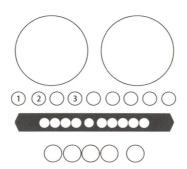

答えは ① ② ③

解答

➡ 正解　P.150

問題編 練習問題2

07 | 08

08

吉
星　　九
　火
花　冬　大
　空　一

36＝大吉 のとき、58＝？

解答

→ 正解　P.150

分析力

09

東京都
富山口
福？山

？に入る漢字を答えよ

解答

➡ 正解　P.151

問題編　練習問題２

09 | 10

分析力

10

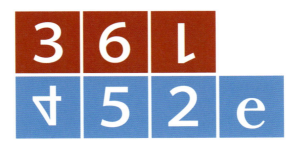

1～6でできる色は？

解答

➡ 正解　P.151

11

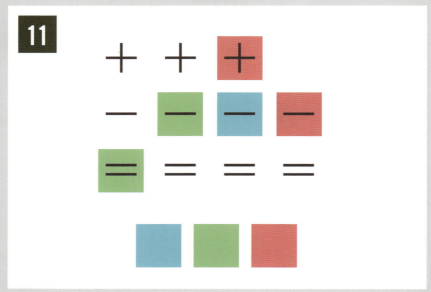

解答

➡ 正解　P.152

問題編 練習問題2

11 12

12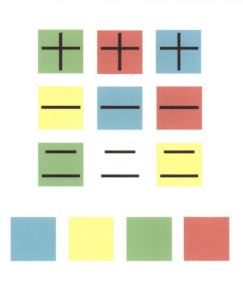

解答

➡ 正解 P.152

13

… 那覇　？？　銃　獣医　知事 …

解答

➡ 正解　P.153

問題編　練習問題2

推理力

14

さん　→　かさねる
あい　→　しる
だい　→　わける
とり　→　**？？**

解答

➡ 正解　P.153

15

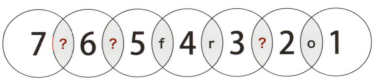

❓❓❓ ＝ 3文字の英単語

解答

➡ 正解　P.154

問題編　練習問題 2

15 16

推理力

16

千 乡 屮

これは、①②①③で②④②⑤の②④⑤
答え＝①②⑤

解答

➡ 正解　P.154

99

持久力

17

解答

→ 正解　P.155

問題編 練習問題2

持久力

18

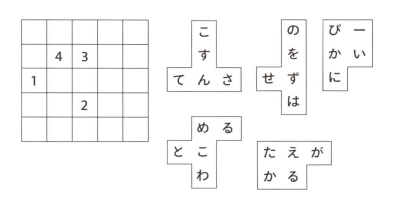

解答

➡ 正解 P.155

19

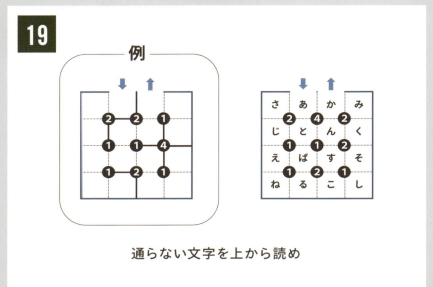

通らない文字を上から読め

解答

➡ 正解　P.156

問題編　練習問題2

持久力

20

あいうえおかきくけこさしすせそたちつてと

「あ」から「と」までの20枚のカードがある

A、B、C、Dの枠に「あ」から順番に時計回りに1枚ずつ、
最初はAの枠からカードをなくなるまで置いていった

Aの上から2枚目　Bの上から4枚目　Cの上から5枚目　Dの上から1枚目
を読め

解答

➡ 正解　P.156

解答・解説編

第2回謎検
解答・解説

配点は1問2点（100点満点）です。
点数に応じて、下記の等級を判定します。

1級 …………… 100点		4級 ………… 50〜58点	
準1級 ……… 90〜98点		5級 ………… 40〜48点	
2級 ………… 80〜88点		6級 ………… 30〜38点	
準2級 ……… 70〜78点		7級 ………… 20〜28点	
3級 ………… 60〜68点		8級 ………… 0〜18点	

※正答率は第2回謎検開催時のものです。点数・等級分布などのデータはP.132に掲載しています。
※正誤と各問題のジャンルを照らし合わせ、得意不得意を見つけてください。

解答・解説編　第2回謎検

01

分析力

正答率
99.1%

正解　**アメリカ**

イラストの数＝文字数となるよう、それぞれのイラストを言葉に置き換え、矢印の先を読むと、「アメリカ」となります。

02

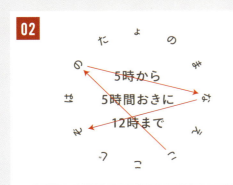

持久力

正答率
96.6%

正解　**まじょ**

文字を時計の文字盤に見立てて、5時の方向から順に12文字を読むと、「このなぞのこたえはまじょ」となります。

107

03

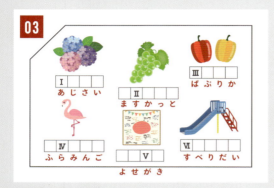

! 注意力

正答率 **98.7**%

正解 ▶ **あすぱらがす**

それぞれのイラストを示す言葉をマスに入れ、ローマ数字の順（I→II→III→IV→V→VI）にマスの文字を拾うと、答えは「あすぱらがす」となります。

04

時間の中心
物語のはじまり
お話の終わり
世界の真ん中

分析力

正答率 **98.4**%

正解 ▶ **かもしか**

「じかん」の中心にあるのは「か」、「ものがたり」のはじまりは「も」、「おはなし」の終わりは「し」、「せかい」の真ん中は「か」。続けて読むと「かもしか」。

解答・解説編　第2回謎検

05

カタカナで答えよ

正解　スパイス

白い部分だけを読むと「SPICE」。「カタカナで答えよ」とあるので、答えは「スパイス」です。

06

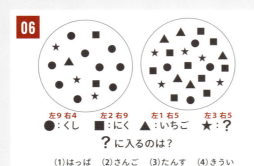

●：くし　■：にく　▲：いちご　★：？
？に入るのは？
(1)はっぱ　(2)さんご　(3)たんす　(4)きうい

正解　(2)

●は左に9つ、右に4つあるので「くし(9・4)」。■は左に2つ、右に9つあるので「にく(2・9)」。同様に、★は左に3つ、右に5つあるので「さんご」。

07

「め」が「ね」になっている
まみむねも　→　めがね
「は」が「き」になっている
きひふへほ　→　はがき
「き」が「え」になっている
かえくけこ　→　？

推理力

正答率
98.9%

正解　きがえ

「まみむねも」は「まみむめも」の「め」が「ね」になっているので「めがね」。同様に、「かえくけこ」は「かきくけこ」の「き」が「え」になっているので「きがえ」です。

08

G　　　O　　　U　　　K　　　A　　　K　　　U
7/26　15/26　21/26　11/26　1/26　11/26　21/26

ひらがなで答えよ

注意力

正答率
92.7%

正解　ごうかく

26はアルファベットの数と同じ。7/26は26個中7個目のアルファベットでG……というように読んでいきます。「ひらがなで答えよ」とあるので、答えは「ごうかく」。

09

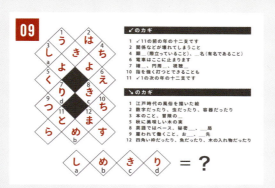

持久力

正答率
84.4%

| 正解 | しめきり |

斜めに言葉を入れていくクロスワードです。a・b・c・dのマスに入れた文字を拾っていくと、答えは「しめきり」となります。

10

木の矢をとばして答えよ

持久力

正答率
96.3%

| 正解 | オトトイ |

木の矢を飛ばすと図のように板に刺さります。この形はカタカナで「オトトイ」になっています。

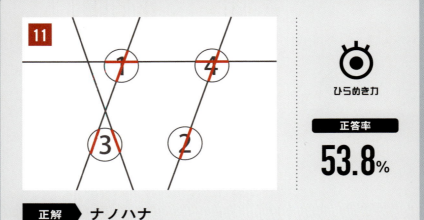

正解 ▶ ナノハナ

○の中に入るべき線を考えてみましょう（図の赤い線）。これをそれぞれカタカナとして読むと「ナノハナ」となります。

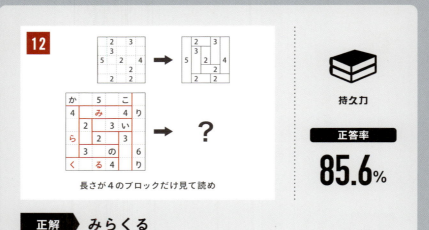

長さが4のブロックだけ見て読め

正解 ▶ みらくる

例題の通り、数字が1つずつ入るよう、またその数字の長さになるようにブロックに分けていきます。4のブロックにあるひらがなを読むと「みらくる」。

解答・解説編　第２回謎検

13

持久力

正答率 **84.2%**

正解 ▶ 同時

矢印の方向に読むと熟語となるようにマスに漢字を入れます。左には「同」、右には「時」が入るので、答えは「同時」。

14

ひらめき力

正答率 **75.2%**

正解 ▶ きょう

矢印は時間を示すと考え、両端の4文字目から考えると、それぞれのマスには「今日」を起点にした前後2日間の呼び名が入ることが分かります。

113

15

幕(まく) → 印(マーク)
本(ほん) → 角(ホーン)
鶴(つる) → 道具(ツール)
音(おと) → ?(オート)

(1)動物　(2)色　(3)自動　(4)娯楽

推理力

正答率 **66.2%**

正解 (3)

左右の言葉の対応を推理する問題です。矢印の左側の言葉の間に伸ばし棒を入れ、それを日本語にすると矢印の右側になります。言葉を口にすると解きやすくなります。

16

同じ数字を線で結べ
同じマスは1度しか通れない
偶数を結ぶ線が通る文字を上から読め

持久力

正答率 **85.6%**

正解 おれんじ

指示通りに線を結ぶと図のようになります。通る線の形が1通りしかない右上、右下などのマスから線を引いていくとよいでしょう。

解答・解説編　第2回謎検

17

推理力

正答率 **97.9%**

正解 パンダ

「または」を「OR」、「かつ」を「AND」に読み替えると、矢印の右側の言葉になります。この法則に従うと、「PかつA」は「PANDA」となります。

18

ひらめき力

正答率 **75.6%**

正解 大

それぞれの棒グラフを割合を保ったまま円グラフに変換してみると、図のようになります。その仕切り線を漢字として読むと、矢印の右側になります。

19

きょう [りゅう]
か [りゅう] ど
[りゅう] ぼく

共通して入る3文字の言葉は？

ひらめき力

正答率 38.5%

正解 りゅう

純粋にひらめき力のみが試される問題。マスに「りゅう」の3文字を入れると、「きょうりゅう」「かりゅうど」「りゅうぼく」という言葉ができます。

20

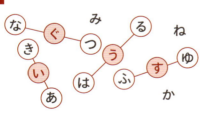

4つの季節 それぞれの間を読め

分析力

正答率 99.6%

正解 うぐいす

「は」「る」の間には「う」がある……というように、4つの季節である「はる」「なつ」「あき」「ふゆ」の間を読みます。

21

1 = 4 のとき、1 2 3 4 = ?

正解 うんどう

2文字目(1)と7文字目(4)が同じになるような言葉で、図を表しているのは「おうだんほどう」。普段、身の回りにあるものをよく見る注意力も必要になります。

22

7×7=49　　3×6=18
77 → 49 → 36 → 18 → ?
　　4×9=36　　1×8=8

? に入る数字は？

正解 8

77を7×7にすると49、49を4×9にすると36……というように、左から数字が記されています。この法則に従うと、18は1×8=8。

23

abcdをcadbに並べ替える　最後の文字を「き」に変える
神経 ➡ 消印　　　親切 ➡ 親戚

最後の文字を「き」に変える　50音順で1つ戻す
初夢 ➡ 初雪　　　扇 ➡ 映画

50音順で1つ戻す　abcdをcadbに並べ替える
椅子 ➡ 足　　　一応 ➡ 追い打ち

20問目の答え「うぐいす」
20 ➡ ➡ ➡ ？

推理力

正答率 **86.5**%

正解 ▶ あいかぎ

例題から、赤、青、黄の矢印には、それぞれ法則があることが分かります。**20**は、20問目のこと。20問目の答え「うぐいす」を3つの法則で順に変換します。

24

分析力

正答率 **55.0**%

正解 ▶ すいあつ

矢印の両端が対義語になるようにマスに言葉を入れると、図のようになります。1234のマスに入れた言葉を順に読んで、答えは「すいあつ」。

解答・解説編　第２回謎検

25

ハート+ト=ハ
❤ +ト
チーズ+ズ=チ
🧀 +ズ
ノート+ト=ノ
📓 +ト
スープ+プ=ス
🍲 +プ

ひらめき力

正答率 **85.1%**

正解 ハチノス

まずは左のイラストをカタカナに変換。伸ばし棒をマイナスとして考えて文字を足し引きすると、上から「ハ」「チ」「ノ」「ス」が残ります。

26

朝(あ) 陸(り/く) 虎(と/ら) 勘(か/ん) 壺(つ/ぼ)

注意力

正答率 **88.8%**

正解 さくらんぼ

漢字の上半分が消えていて、下半分しかないので、読みも下半分だけ読みます。左から順に読むと「さ」「く」「ら」「ん」「ぼ」。

119

正解 だいほん

それぞれの図形の赤の部分だけ読むと「バイク」となります。青の部分だけ読むと、「だいほん」。

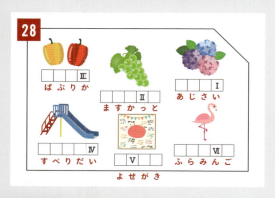 

正解 いっかいせん

枠の形が03問目を左右反転させたものになっています。03問目を左右反転させて解くと、文字の位置が変わって別の答えになります。「Ⅳ」と「Ⅵ」は左右反転させると入れ替わって「Ⅵ」と「Ⅳ」になることに注意してください。

29

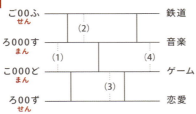

正しく組み合わせるために、増やすべき線は？

分析力

正答率 **65.8**%

正解　（2）

「2005」=「にせんご」、「50002」=「ごまんに」と同様に読むと、左側は「ごせんふ」「ろまんす」「こまんど」「ろせんず」と読めます。(2)の線を増やすと左右の言葉が対応するアミダができます。

30

マスに01～50の数字を入れろ
スタートの隣には01が入る
隣り合った数字は隣り合ったマスに入る

スタート	01	02	03	04	19	20	21	38	39	40
	08	07	06	05	18	23	22	37	42	41
	09	14	15	16	17	24	35	36	43	44
	10	13	28	27	26	25	34	47	46	45
	11	12	29	30	31	32	33	48	49	50

06、08、09、10、28 が空きマスのとき 18、04、01、07 は？

持久力

正答率 **59.8**%

正解　ひまわり

この形で指定されたマスに何も入らないのは50音表です。50音表で18、04、01、07に入る文字を読むと、「ひ」「ま」「わ」「り」となります。

正解 ▶ シルク

上の言葉を英語にすると「バトル(バ取る)」「ピストル(ピス取る)」「タートル(ター取る)」「タイトル(タイ取る)」。それぞれを実行すると、残るのは「シルク」。

正解 ▶ クツシタ

それぞれのイラストを示す言葉が、イラストを囲む文字で構成されるよう○を埋めていきます。「タ」「ツ」「ク」「シ」で構成される言葉は「クツシタ」。

解答・解説編　第2回謎検

31 32 33 34

33

都 T ＝ 1
道 D ＝ 1
府 F ＝ 2
県 K ＝ ?

推理力

正答率
43.3%

正解 43

イコールの左は「都道府県」の頭文字を示しています。都道府県の数は、都が1つ（東京都）、道も1つ（北海道）、府は2つ（京都府、大阪府）、県は43です。

34

ク　マ
●★：動物
リ　ス
▲◆：動物
ク　ス　リ
●◆▲：飲んだりするもの
マ　ス　ク
★◆●：身につけるもの
ア　マ　リ　リ　ス
■★▲▲◆：花

●▲◆★◆ ＝ **クリスマス**

注意力

正答率
48.8%

正解 クリスマス

同じ記号に同じ文字が入るように埋めていきます。「3・4文字目が同じ文字である花」が「アマリリス」であることに気付けば早いでしょう。

123

35

FIRE⌐ⅼⅠⅠⅤⅬ

ひらめき力

正答率

47.4%

正解 ▶ FIRE

右半分の記号を、矢印の通りに改行して左半分の下に配置すると、図のような「FIRE」という形になります。

36

らくがきがくら
落書きが蔵
いかりがたがりかい
いかり肩が理解
なすがままがすな
なすがままが砂
かいはつしつは？
開発室は？

？ に入る言葉は？

ひらめき力　推理力

正答率

87.6%

正解 ▶ いか

すべてひらがなにしてみると、どれも回文（逆から読んでも同じ文）になっていることが分かります。最後の文を意味が通るように回文にするためには、？に「いか」を入れる必要があります。

解答・解説編　第2回謎検

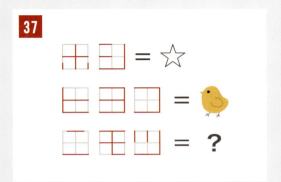

推理力

正答率
62.9%

正解　ニモツ

田の形が完全形と考え、足りない部分だけを拾うと、上から「ホシ」「ヒヨコ」と読むことができます。この法則に従うと、一番下は「ニモツ」。

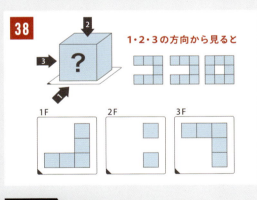

持久力

正答率
51.8%

正解　ココロ

空間把握能力が要求される問題。この立方体を1・2・3の方向から見ると、図の右上のような形（ココロ）になります。

125

39

推理力

正答率 **15.0**%

正解 ▶ **トラウマ**

「とりい」に含まれている十二支(酉、亥)を6つずらすと、「うみ(卯、巳)」になります。同様に、「みとり(巳、酉)」を9つずらして「とらうま(寅、午)」。

40

ひらめき力

正答率 **6.5**%

正解 ▶ **おとなり**

ひらがなは、「おや」「ひとさし」「なか」「くすり」「こ」と、指の名称を並べたものになっています。取りのぞかれたのは「おとなり」です。

41

  に入る道具は？

正解 うす

2つの◆は、09問目のクロスワードの黒マスと形が一致しています。この黒マスに文字を入れても斜めに単語ができるような文字を探します。

42

正解 ミソシル

上は音名で、下は50音順に文字が並んでいます。○に文字を埋めて数字の順に拾うと、答えは「ミソシル」。

推理力

正答率
7.0%

正解 ▶ **よみがな**

それぞれの問題文に含まれる漢字の読み仮名を逆から読みます。12問目の問題に含まれる漢字は「長」「見」「読」なので、逆から読んで「よみがな」。

持久力

正答率
76.8%

正解 ▶ **もくろみ**

こちらも空間把握問題。「う」「ら」「み」「ろ」に接した文字から、6面体の裏にある文字を考えます。展開図を書いてみると良いでしょう。

45

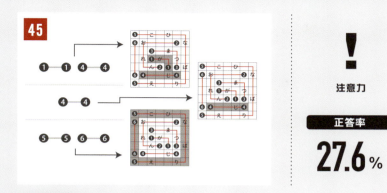

注意力

正答率 **27.6%**

正解 ユーロ

16問目と丸囲み数字のデザインが一致していることに気付けるかがポイント。16問目の盤面で、それぞれの数字をつないだ線のマスだけを見ると、カタカナになっています。

46

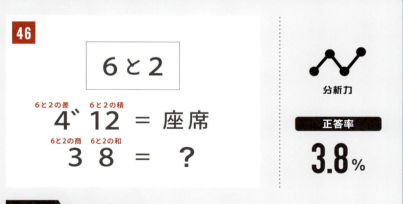

分析力

正答率 **3.8%**

正解 しょうわ

上部に指定された「6と2」を計算する問題です。6と2の差（濁点があるので、ざ＝座）は4、積（せき＝席）は12。同様に、3は6と2の商、8は和なので、並べると「しょうわ」。

47

47	いちご
14	きょう
13	どうじ
02	まじょ
19	りゅう

答えは3文字の果物

分析力

正答率 **18.0**%

正解 ▶ イチゴ

それぞれの問題の答えをひらがなで書き出すと、図のようになります。縦に読んだときに言葉になる3文字の果物を考え、「いちご」を導き出します。

48

	M	H
I	(1) 未発見 未完成	(2) 非効率 非常識
U	(3) 無意識 無表情	(4) 不公平 不完全

合格が入るのはどれ？

推理力

正答率 **44.7**%

正解 ▶ (4)

この表は、言葉を否定するとき頭に付く文字で分類されています。例えば「M」と「I」だったら「未」です。「合格」は否定すると「不合格」なので、(4)に入ります。

49

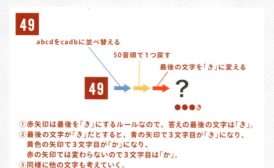

正解 おえかき

23問目と同じ矢印なので同じルールを適用すると、49問目の答えを変換すると49問目の答えになることが分かります。つまりこの3つの変換をした結果、元に戻る言葉が答えです。

50

正解 LIFE

上の枠は30問目、下の枠は01問目と一致することから、図のようにマスや文字が入ります。01〜50は今回の謎検の問題数と一致しているので、4文字の答えが出る問題番号のマスだけを(この問題も含め)塗りつぶすと「LIFE」の形が現れます。

第2回謎検データ

開催日：2017年11月19日
受検者総数：3,695名
平均点：63点
満点者数：3名

点数・等級分布

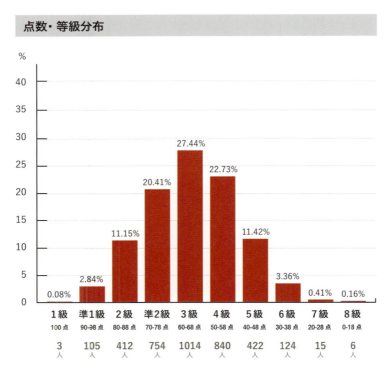

※パーセント表示は小数点以下第2位まで表示しているため、合計が100%にならない可能性があります。

ジャンルの平均

※問題ごとに定められたジャンルを各10点（2ジャンルの場合は各5点ずつ）とし、
ジャンルごとの得点を平均したものです。

上位ランキング

順位	人数	点数	所要時間	級
1	1	100	54分41秒	1級
2	2	100	60分00秒	1級
4	1	98	35分04秒	準1級
5	1	98	55分10秒	準1級
6	1	98	56分46秒	準1級
7	5	98	60分00秒	準1級
12	1	96	59分59秒	準1級
13	8	96	60分00秒	準1級
21	1	94	59分30秒	準1級
22	1	94	59分37秒	準1級
23	1	94	59分56秒	準1級
24	15	94	60分00秒	準1級

順位	人数	点数	所要時間	級
39	1	92	58分46秒	準1級
40	1	92	59分46秒	準1級
41	1	92	59分59秒	準1級
42	32	92	60分00秒	準1級
74	1	90	24分41秒	準1級
75	1	90	27分54秒	準1級
76	1	90	58分32秒	準1級
77	1	90	59分10秒	準1級
78	1	90	59分39秒	準1級
79	1	90	59分40秒	準1級
80	29	90	60分00秒	準1級

※同じ点数の場合、解答終了までの時間が短い方が上位にランキングされます。

練習問題 **1**
解答・解説

検定形式で解いた場合、配点は1問5点（100点満点）とし、
点数に応じて、下記の等級を判定してください。

1級 …………………	100点
準1級 ………………	95点
2級 ………………	85〜90点
準2級 ……………	75〜80点
3級 ………………	55〜70点
4級 ………………	0〜50点

※正誤と各問題のジャンルを照らし合わせ、得意不得意を見つけてください。

解答・解説編　練習問題1

01

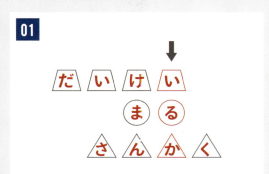

ひらめき力

正解　いるか

図形の名前の文字数と、図形の個数が一致しています。名前を当てはめて矢印の方向に読むと、「いるか」となります。

02

ひらめき力

正解　メイキュウ

アイコンは謎検の5つの問題ジャンルを示しています。それぞれジャンル名をカタカナで入れ、①〜⑤を順に拾うと「メイキュウ」となります。

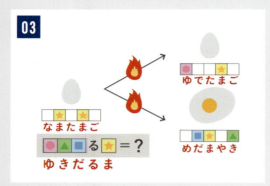

正解 ゆきだるま

3つのたまごの状態を、示された情報とマス目の数から判断します。記号を当てはめて、答えは「ゆきだるま」。

正解 まっちゃ

うさぎとかめが登場する童話が「うさぎとかめ」ならば、うさぎとたぬきが登場する童話は「かちかちやま」。数字の順に拾って「まっちゃ」(③はサイズが小さいので小さい文字として読む)が答えです。

解答・解説編　練習問題1

注意力

正解 ういんく

東・西・南・北それぞれの1文字目が見えています。2文字目をマスに入れて読むと、「ういんく」となります。

06

C（シー）↑ I（アイ）↑ V（ブイ）　＝　試合（シアイ）

F（フ）↓ G（ジー）↑ S（エス）↓　＝　エース

注意力

正解 エース

「C（シー）」の上＝「シ」といったように、アルファベットをカタカナにしたときに、矢印の上を通るか下を通るかで読む文字を判別します。

137

注意力

正解 村

A・Bを囲むマスは、よく見ると「くにがまえ」になっています。「くにがまえ」を含んだ漢字で熟語を成立させると図のような状態に。A・Bを組み合わせると「村」が出来上がります。

08

愛 岩 福　　知 手 井
あいいわふく → ちてい

のとき、

島 宮 群　　根 城 馬
しまみやぐん → ？？？
　　　　　　　 ねぎま

注意力

正解 ねぎま

左側を2文字ずつに分け、右側の1文字をそれぞれ足すと県名になります。この法則に合うように右側を考えると、？？？には「ねぎま」が入ります。

09

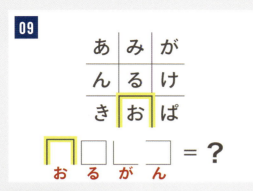

分析力

正解 おるがん

左と上と右に線がある位置にある文字は「お」というように読んでいくと、記号は「おるがん」を示していることが分かります。

10

分析力

？に入る体の部位は？

正解 鼻

盤面は50音表を示しています（白マスがヒント）。「へ」が眉、口、「の」が目のものを考えると、「へのへのもへじ」が浮かびます。「？」に入るのは「も」なので、対応する体の部位は「鼻」です。

11

① ご　　いちご
② く　　にく
③ ま　　さんま
⑤ ?　　ごま

?に入るのはどれ

(1) る　(2) せ　(3) ま　(4) な

分析力

正解 (3) ま

①（いち）と「ご」で「いちご」といったように、数字とひらがなで単語になっています。この法則に従うと、⑤（ご）に続けて単語ができるのは(3)の「ま」。

?に入るアルファベットは何？

分析力

正解 j

枠の位置は、3つのエリアに対してアルファベットを手書きするときの位置を示しています。3つのエリアにまたがるように書くアルファベットは「j」のみです。

解答・解説編　練習問題1

13

上から順に読むとできる単語は？

正解　ちぇっくめいと

線上に書かれたヒントを元に、線をつなぐとできる単語を考え、丸の中に文字を入れていきます。上から順に読むと「ちぇっくめいと」。

推理力

14

正解　れんしゅう

イラストを文字に変換したときに、すべて時間の単位を示す単語が入っていることに注意。その時間に記された数をかけて変換すると、右のイラストが示す言葉になります。

推理力

15

正解　しんか

ひらがなで書くと文字が一致するように、左右のイラストを言葉に変換します。左は「蚊がみかん紹介」、右は「鏡観賞会」。1〜3を順に読んで、答えは「しんか」。

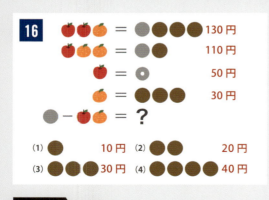

16

正解　(2)

レジの左側は買い物するときに渡すお金と品物、右側はもらうおつりと品物を示しています。単純化すると、図のような連立方程式になります（硬貨の種類は色と穴で判断します）。50円のりんごと30円のみかんを100円で買うと、おつりは20円です。

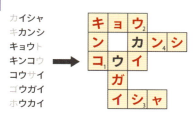

持久力

並べ替えずに1文字ずつ減らしてから埋めろ

正解 コウシン

既にマスにある文字をヒントにして埋めます。「キョウト」→「キョウ」など、並べ替えずに1文字減らして成立するものが1通りしかない言葉から確定していくと良いでしょう。

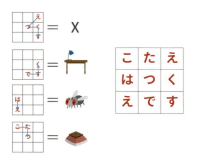

持久力

正解 つくえ

マスを矢印の通りに読むとイラストを示す言葉になるように、すべてのマスを埋めていきます。最後に左上から横にマスを読むと、答えは「つくえ」。

19

矢印の先を読め

正解 うんめい

4つの図はすべて正六面体の展開図です。正六面体にしたときに、矢印の先がどの文字を指すかを頭の中で考えていきます。

20

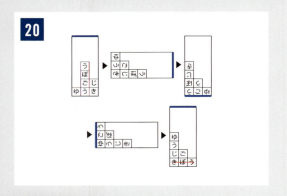

正解 きぼう

タイルが入った箱を右回りに回転させたときに、タイルがどのように動くかを想像する問題です。最後まで回転させて矢印のタイルを読み、答えは「きぼう」。

解答・解説編　練習問題1

19　20

練習問題2
解答・解説

検定形式で解いた場合、配点は1問5点（100点満点）とし、
点数に応じて、下記の等級を判定してください。

1級 ……………… 100点

準1級 ……………… 95点

2級 ……… 85〜90点

準2級 ………75〜80点

3級 ………… 55〜70点

4級 ………… 0〜50点

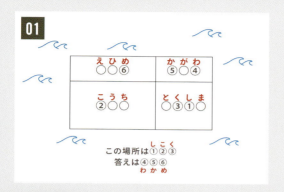

正解 わかめ

「海に囲まれている」「4つのエリアがある」ことから、図形が四国を示していることを導きます。マスにひらがなで県名を入れ、数字の順に読みます。

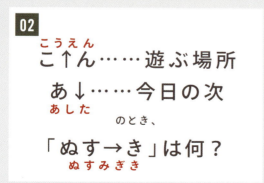

正解 ぬすみぎき

↑を「うえ」、↓を「した」と読むと意味が通ります。同様に→を「みぎ」と読んで、答えは「ぬすみぎき」です。

03

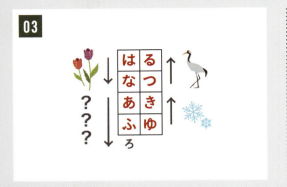

正解 あふろ

3つのイラストを示す言葉を矢印の通りに入れていくと、マスの中は上から季節を示す言葉になっていることが分かります。この法則に従うと、残ったマスには「あふ」が入ります。答えは「あふろ」。

04

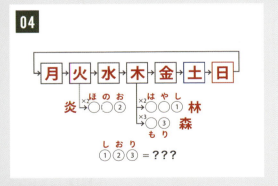

正解 しおり

色を頼りに、7つのマスに曜日を入れます。「火」2つで「炎(ほのお)」、「木」2つで「林(はやし)」、3つで「森(もり)」となるので、数字の順に文字を拾います。

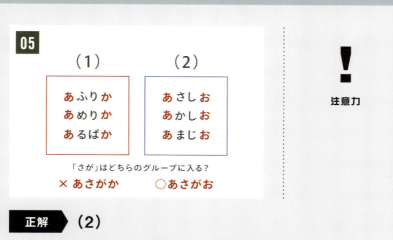

正解 （2）

AとBの枠が赤と青であることに注意。それぞれの文字を「あ」と「か」または「あ」と「お」で挟むと言葉になります。「さが」を挟むと言葉になるのは「あ」と「お」です。

正解 （3）

図形をよく見ると漢字の部首である「くにがまえ」になっており、そこに「木」「井」「古」を入れても漢字として成立します。選択肢の中でくにがまえに入れて漢字が成立するのは「玉」です。

07

正解 日本刀

この図形は本書の表紙と対応しています。数字の順に文字を読むと、①は「日」、②は「本」、③は「解」の右上だけを読んで「刀」。答えは「日本刀」。

08

36＝大吉 のとき、58＝冬空

正解 冬空

よく見ると、枠の中の漢字の画数はすべて異なっています。「大」「吉」の画数はそれぞれ3画と6画。同様に、5画と8画に対応する漢字は「冬」と「空」となります。

解答・解説編　練習問題2
07 08 09 10

09

東京　東京都　京都
富山　富山口　山口
福岡　福?山　岡山
　　　　岡

？に入る漢字を答えよ

分析力

正解　岡

「東京都」は「東京」と「京都」、「富山口」は「富山」と「山口」から成り立ちます。同様に、「福?」と「?山」が成立するような文字は「岡」となります。

10

分析力

正解　purple（パープル、むらさき）

青い四角の最後の「e」を頼りに、赤い四角をred、青い四角をblueに変換。「1」は上下逆に、「4」は上下逆＆左右反転になっていることに気を付けながら文字を拾うと、「purple」になります。

151

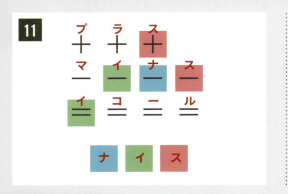

分析力

正解 ナイス

記号を文字に変換する問題。文字数と、共通する文字をヒントにすると、「プラス」「マイナス」「イコール」が入ります。色の通りに文字を拾って、「ナイス」。

分析力

正解 NOTE

前の問題と似ていますが、こちらは漢数字の「十」「一」「二」を示しています。文字に変換するときに、英単語にするのがポイントです。

解答・解説編　練習問題2

13

…那覇　？？　銃　獣医　知事…
（な）なは　ちきゅう　じゅう　じゅうい　ちじ（ゅうに）

正解 ▶ 地球

漢字をひらがなに変換してみると、数字の並びになっていることが分かります。？？の部分に入るのは「ちきゅう（地球）」です。

推理力

14

さん 三 → 重 かさねる
あい 愛 → 知 しる
だい 大 → 分 わける
とり 鳥 → 取 ？？ とる

正解 ▶ とる

上3行のひらがなを漢字に変換し、それぞれ左右の漢字の部分を合わせると県名になっています。この法則に従うと「鳥」の右に来るのは「取」。答えは「とる」です。

推理力

15

seven　six　five　four　three　two　one

7 **?** 6 **?** 5 **f** 4 **r** 3 **?** 2 **o** 1

s　i　　　　t

？？？ ＝3文字の英単語

推理力

正解 sit

円が重なる部分には、それぞれの数字を英単語にしたときに共通するアルファベットが入ります。？の部分を考えると、左から「s」「i」「t」が入ることが分かります。

16

推理力

これは、**サカサマ**①②①③で**カタカナ**②④②⑤の**カタナ**②④⑤

答え＝①②⑤
サカナ

正解 サカナ

逆さまの「カタナ」をヒントに、文章の空欄を推理して埋めていく問題。答えは「サカナ」となります。

解答・解説編　練習問題2

15　16　17　18

17

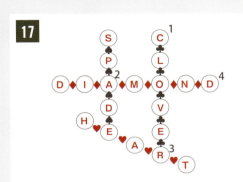

持久力

正解 ▶ CARD

4つのトランプのマークを言葉に変換して埋めていきます。共通部分を考え、アルファベットで埋めることに注意。数字順に文字を読んで、答えは「CARD」。

18

持久力

正解 ▶ ぴすとる

ピースに書かれた文字を左上から読むと「このぴーすを〜」というルールが現れます。ルール通りに左の盤面にはめたら、数字順に文字を読んで「ぴすとる」。

155

19

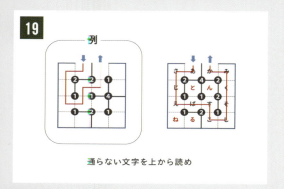

通らない文字を上から読め

正解 とんねる

例から、書かれた数字の本数だけ黒丸から壁が伸びていて、迷路が作られることを読み取ります。迷路の完成後、通らない文字を読むと「とんねる」です。

20

正解 すかうと

指示文通りにカードを配ると、A〜Dのカードは図のようになります。それぞれ指定されたカードを読むと、答えは「すかうと」となります。

解答・解説編　練習問題 2

19　20

SCRAP 出版の本

好評発売中！

no.1
「リアル脱出ゲーム presents 究極の謎本」
A5判／112ページ
定価1,600円＋税

no.2
「リアル脱出ゲーム presents 究極のクロスワード本」
A5判／96ページ
定価1,600円＋税

no.3
「リアル脱出ゲームブック vol.1 ルネと不思議な箱」
四六判／224ページ
定価1,800円＋税

no.4
「3人で読む推理小説 スカイホープ 最後の飛行」
四六判／計108ページ
（9冊箱入り）
定価2,000円＋税

no.5
「10th Anniversary リアル脱出ゲームのすべて」
A5判／160ページ
定価2,000円＋税

no.6
「謎検 過去問題＆練習問題集2017」
A5判／160ページ
定価1,600円＋税

no.7
「SCRAP ヒラメキナゾトキ BOOK」
四六判／128ページ
定価1,200円＋税

http://www.scrapmagazine.com/shuppan/

謎検
日 本 謎 解 き 能 力 検 定

過去問題＆練習問題集

2018 春

2018年5月1日 　 　 初版第1刷発行
2019年4月18日 　 　 初版第3刷発行

著者：日本謎解き能力検定協会
発行人：加藤隆生
編集人：大塚正美

問題監修：堺谷光（SCRAP）
問題制作：荒浪祐太（SCRAP）、入月優、堺谷光（SCRAP）、
　　　　　白猫、どまさん、西山温、山本渉（SCRAP）
デザイン・DTP：好見知子
図版制作：榊原杏奈（SCRAP）、好見知子
校閲：佐藤ひかり
広報・宣伝：横手大地（SCRAP）
担当編集：大塚正美（SCRAP）
協力：永田史泰

発行所：SCRAP出版
〒151-0051　東京都渋谷区千駄ヶ谷5-20-4　株式会社SCRAP
tel. 03-5341-4915　fax. 03-5341-4916
e-mail. shuppan@scrapmagazine.com
URL. http://www.scrapmagazine.com/shuppan/

印刷・製本所：株式会社リーブルテック

落丁・乱丁本はお取り替えいたします。本書記事の無断転載・複製は固くお断りいたします。
★「謎検」は株式会社SCRAPの登録商標です。

©2018 SCRAP All Rights Reserved.
Printed in Japan ISBN978-4-909474-12-4

謎検 Web サイト

こちらで本試験の申込を行うことができます（申込受付期間のみ）。
また、練習問題や無料お試し受検コーナーも用意しています。

解答用紙は切り離してご使用ください。

解答用紙 A：第2回謎検（オモテ・ウラ）
解答用紙 B：練習問題1、練習問題2